LES CHRONIQUES DE BURGOS

TRADUITES POUR LE ROI DE FRANCE CHARLES V

EN PARTIE RETROUVÉES

A LA BIBLIOTHÈQUE DE BESANÇON

A propos des *Ouvrages d'Aristote traduits et copiés pour Charles V*, M. Léopold Delisle s'exprimait ainsi[1] : « Un point des origines de la *librairie* du Louvre qui a été plus d'une fois touché, mais sur lequel il reste encore beaucoup à dire, c'est l'attention qu'eut le fondateur d'y faire placer la traduction de beaucoup de livres latins de l'antiquité aussi bien que du moyen âge. La plupart de ces traductions ont été signalées ; il en reste cependant plusieurs à indiquer. »

En écrivant les lignes qui précèdent, le savant historiographe des conquêtes littéraires de Charles V songeait certainement au passage suivant, non encore éclairci, de l'inventaire des livres possédés par ce monarque : « Les croniques d'Espaigne, que fit l'évesque de Burs, translatées en françois par frère Jehan Goulain, en deux volumes..... très bien historiés et enluminés, et est signé CHARLES[2]. »

De cet article du catalogue dressé en 1373, il existe deux commentaires, l'un par l'abbé Lebeuf et l'autre par Van Praet. Le premier de ces érudits s'est contenté d'écrire : « Les chroniques de Guillaume, évêque de Burges, ou de Burgos en Espagne, furent

---

1. *Mélanges de paléographie et de bibliographie* (1880), p. 258.
2. *Inventaire de l'ancienne bibliothèque du Louvre*, fait en l'an 1373, par Gilles MALLET (publ. par VAN PRAET, 1836), n° 1087, p. 180. — L. DELISLE, *Cabinet des manuscrits de la Bibliothèque nationale*, t. III, p. 161 : *Librairie du Louvre*, n° 1015.

mises en françois par Jean Goulain, Carme, sous le roi Charles V, selon l'inventaire de sa librairie[1]. » Van Praet ne nous en apprend guère plus dans la note suivante : « On ne connaît pas l'ouvrage latin de cette chronique d'Espagne, traduite par (lisez *de*) l'évêque de Burs, peut-être Burgos, dont il existe un manuscrit de la même traduction parmi ceux du roi d'Angleterre[2]. »

Mieux vaut l'enregistrement fait par le P. Lelong du titre de ce manuscrit, jadis conservé à Londres et qui a péri dans le mémorable incendie de 1731. La cote d'inventaire de ce volume était ainsi conçue : « Livre neuvième des chroniques, ou seconde partie de l'histoire, depuis Constantin le Grand jusqu'à Louis III, roi de France, traduit par ordre de Charles V, roi de France, par Jean Golein, de l'ordre des Carmes[3]. » Comme corollaire de cette indication, Fevret de Fontette a judicieusement ajouté : « Il y en a aussi un exemplaire avec de belles vignettes, dans l'abbaye de Saint-Vincent de Besançon[4]. »

L'étude que j'ai faite de ce dernier manuscrit va me permettre de donner quelque idée d'un ouvrage dont la traduction française s'appelait *Chroniques d'Espaigne* chez le roi de France Charles V et *Chroniques de Burgues* chez son frère le duc de Berry, aussi bien que chez son fils le duc d'Orléans[5], tous deux amateurs passionnés des beaux livres.

I.

Le manuscrit cité par Fevret de Fontette, et antérieurement par Montfaucon[6], n'est malheureusement que le second volume d'un exemplaire dont les deux parties existaient dans la *librairie*, ou bibliothèque, de la famille Perrenot de Granvelle[7]. Le premier

---

1. LEBEUF, *Recherches sur les plus anciennes traductions en langue françoise* (2ᵉ partie) : *Mém. de l'Académie des inscriptions et belles-lettres*, t. XVII, p. 750.
2. *Inventaire de l'ancienne bibliothèque du Louvre*, p. 780.
3. *Bibliothèque historique de la France*, 1ʳᵉ édition (1719), n° 6832, p. 334.
4. Même ouvrage, édition FEVRET DE FONTETTE, t. II (1769), n° 16436, p. 117.
5. L. DELISLE, *Cabinet des manuscrits*, t. I, pp. 100-101 ; t. III, p. 191.
6. *Liste des manuscrits de l'abbaye de Saint-Vincent de Besançon*, ap. *Biblioth. manuscriptor.* (1739), p. 1190.
7. « Chronicques de frère Jean Bolain (*sic*), de l'ordre des Carmes, escripts à la main et en parchemin, couvert de velour violet, estans en deux volumes : taxé les deux douze frans. » *Inventaire du mobilier du palais Granvelle, à Besan-*

volume n'y était déjà plus quand l'abbé Boisot acheta les précieux débris des collections formées par le garde des sceaux de Charles-Quint et par son fils le cardinal, pour en faire, après sa mort, un dépôt accessible au public. Dans l'inventaire, dressé en 1694, des livres et autres objets devant composer ce dépôt, le manuscrit qui nous occupe est mentionné en ces termes : « Le second tome de la Chronique de maistre Jean Golain, commenceant à l'origine du monde et finissant à Charles troisième, roy de France, escrit en parchemin, in-folio majori, dont le premier feuillet est cotté 239 et le dernier 514 (lisez 545), relié en bois couvert de velours bleud, avec neuf chapeaux et quatre petites escaires en cuivre[1]. »

Telle est encore aujourd'hui la physionomie extérieure du volume : le velours bleu du dos est absolument usé; mais celui des plats se maintient, protégé qu'il est contre le frottement par des chapeaux ou boulons, dont un seul a disparu, et par des équerres d'angles, le tout en cuivre doré et remontant au xve siècle. Les tranches sont gaufrées et dorées.

Le volume a 415 millimètres de hauteur sur 318 de largeur. Il se compose de 306 feuillets de vélin choisi. L'écriture, répartie sur deux colonnes, est une minuscule gothique, très régulière, à laquelle sont associés tous les éléments décoratifs que comportait la calligraphie française dans la seconde moitié du xive siècle. Les lettrines, de couleurs variées, ressortent sur des cartouches en or poli et ont pour appendices des bouquets de vignettes qui étincellent sur les marges du volume; la tige principale de quelques-unes de ces vignettes a pour épanouissement un animal fantastique. Tous les versos des feuillets ont en tête l'article LE, qui correspond à un nombre exprimé en chiffres romains sur le recto du feuillet suivant : ce numérotage est en caractères dorés.

L'intention du copiste était que son ouvrage ne formât qu'un seul volume, car il n'avait employé qu'une série de numéros pour en coordonner les feuillets. Il ne fit même pas commencer en belle page la deuxième partie du texte qu'il transcrivait : de sorte

---

çon, en 1607, n° 412; fol. 62 verso de la copie conservée à la bibliothèque de Besançon.

1. *Inventaire des manuscrits, livres, médailles, etc., donnés par l'abbé Boisot pour une bibliothèque publique à Besançon* : 1694, pet. in-fol., fol. 3; ms. de la bibliothèque de Besançon.

que, lors du sectionnement de la copie en deux volumes, force fut de donner pour tête au second lot une queue de chapitre, car c'est au revers d'un feuillet que se trouve le deuxième titre de l'ouvrage, titre qui est ainsi conçu : « Cy commence la seconde partie de ce livre, translatée de latin en françoiz par maistre Jehan Golain, par le commandement de très excellent prince Charles le quint de son nom, roy de France. »

Ce titre est précédé d'une miniature qui n'a que la largeur d'une colonne du texte, c'est-à-dire 78 millimètres. On y voit un moine vêtu de blanc, à genoux pour offrir un livre au roi Charles V, qui est assis sur le trône de France et a près de lui quatre conseillers. Deux de ces personnages ont sur la tête de bizarres coiffures, et sur le corps des houppelandes à col étroit, montant jusqu'aux oreilles, accoutrement qui ne fut à la mode qu'une quinzaine d'années après la mort de Charles V[1]. Le visage de ce monarque laisse à désirer d'ailleurs comme ressemblance : il a une barbe entière, tandis que les autres portraits du même personnage n'ont au plus que des moustaches[2]. Le costume du religieux manque aussi d'exactitude : la robe des carmes est brune et non pas blanche; c'est leur manteau seul qui est de cette dernière couleur. De ces remarques il y a lieu de conclure que notre volume appartenait à une copie faite à la distance d'au moins quinze années de la mort de Charles V, c'est-à-dire vers la fin du XIVe siècle, et en dehors de la participation du traducteur Jean Goulain. La même date serait indiquée par les neuf autres miniatures du volume, dont aucune ne dépasse la largeur d'une colonne du texte, miniatures d'un grand éclat de dorure et de coloration, mais d'un dessin assez médiocre. Nous allons indiquer sommairement les sujets de ces neuf tableaux :

1° Les barbares implorent la clémence de l'empereur Théodose.

2° Le baptême de Clovis : il est nu dans une cuve baptismale, avec la couronne royale sur la tête; saint Remy reçoit la sainte Ampoule des mains d'un ange.

3° Le sénat de Constantinople fait couper le nez à l'empereur Héraclius et la langue à sa mère Martine.

4° Charlemagne et Carloman assis côte à côte sur deux trônes.

---

1. J. Quicherat, *Histoire du costume en France*, 1875, p. 250.
2. B. de Montfaucon, *Monuments de la monarchie française*, t. III, pl. VII-XII.

5° Intronisation de l'empereur Charles le Chauve, par le pape Jean VIII.

6° Histoire légendaire du gendre de Conrad le Salique. Trois scènes sont figurées sur ce tableau. En haut, deux secrétaires de l'empereur enlèvent d'une maisonnette un enfant que le monarque a prescrit de détruire, parce qu'une voix lui a dit que ce nouveau-né serait son gendre et son successeur. Au milieu du tableau, l'enfant, que les secrétaires ont épargné, est trouvé dans le bois par un certain duc Henri qui l'adopte pour son fils. Au premier plan, les deux secrétaires présentent à l'empereur, au lieu du cœur de l'enfant qu'ils avaient mission de tuer, le cœur d'un lièvre qui gît éventré à l'angle opposé du tableau. Cette triple scène a pour encadrement un paysage boisé, que domine un ciel bleu, tandis que toutes les autres miniatures du volume ont des fonds qui imitent la marqueterie. C'est là une singularité qui témoigne que les peintures de notre manuscrit se rapprochent par leur date du commencement du xve siècle, époque à laquelle les effets de nature se substituèrent au bariolage pour décorer le fond des tableaux.

7° Entrée des croisés à Jérusalem.

8° La flotte de Guillaume le Conquérant aborde le rivage d'Angleterre.

9° Intronisation de saint Louis, roi de France : l'évêque de Soissons met la couronne sur la tête du jeune monarque, dont la figure rayonne de joie.

Une copie aussi richement ornementée dut avoir pour destinataire un très grand personnage. Il est connu que le duc Louis d'Orléans, fils du roi Charles V, alloua, deux fois dans le cours de l'année 1398, des sommes « pour acheter parchemins et pour payer les escripvains et enlumineurs » qui fabriquaient, par ses ordres, divers livres, parmi lesquels un exemplaire des « Croniques de Burgues[1]. » Deux exemplaires de ce même ouvrage existèrent dans la *librairie* du duc de Berry, frère de Charles V : le prince avait acheté l'un de ces exemplaires, au mois de février 1403, pour la somme de deux cents écus d'or; le second exemplaire, « bien historié et enluminé, » avait été acquis le 29 octobre 1407, moyennant cent soixante écus d'or payés comp-

---

1. L. DE LABORDE, *les Ducs de Bourgogne*, 2e partie : *Chambre des comptes de Blois*, n° 5820 (30 avril 1398), n° 5868 (22 novembre 1398), pp. 169 et 170.

tant[1]. Notre manuscrit, qui date de la fin du XIVe siècle, pourrait avoir été la seconde moitié de l'un des trois exemplaires que nous venons de rappeler. Ceux du duc de Berry, au dire des inventaires de la *librairie* de ce prince, étaient écrits « de lettres de court, » c'est-à-dire vraisemblablement en caractères agrémentés de traits cursifs, ce qui est le cas de l'exemplaire dont un volume nous est parvenu. Il est vrai que ces exemplaires ne se composaient chacun que d'un seul volume; mais nous avons fait remarquer que tel devait être primitivement l'état de l'exemplaire que nous étudions, car la partie qui nous en reste débute par le feuillet chiffré CCXXXIX. Le sectionnement de cet exemplaire se fit probablement en conséquence de la dislocation prématurée d'une reliure unique. Ce fut alors aussi qu'un blason de propriétaire fut peint au bas de la page initiale de chacun des deux volumes. Nous avons pu saisir des traces de ce blason du XVe siècle et déchiffrer la devise qui l'accostait. Cette devise, en gros caractères gothiques, consistait dans les mots : 𝕵𝖆𝖞 𝖇𝖊𝖑 𝕷𝖆𝖈 (*J'ay bel Lac*). Cette marque de propriétaire fut effacée, vers l'année 1540, pour faire place aux insignes héraldiques de Nicolas Perrenot de Granvelle, garde des sceaux de Charles-Quint. Sur le volume que nous n'avons plus, cet homme d'État avait certainement fait peindre son blason personnel : d'argent à trois bandes de sable, au chef d'or chargé d'une aigle impériale de sable. Sur le volume qui nous reste, le blason du XVe siècle est recouvert par un écusson renfermant aussi les armoiries du garde des sceaux de Charles-Quint, mais associées à celles de sa femme, Nicole Bonvalot : d'argent à trois jumelles de gueules[2]. Ainsi fut

---

1. L. DELISLE, *Cabinet des manuscrits*, t. III : *Librairie du duc de Berry*, n°s 253 et 254, p. 191.

2. Pour préciser le blason de seconde facture qui existait sur le volume aujourd'hui perdu de la traduction française des *Chroniques de Burgos*, je m'autorise d'une analogie des plus plausibles. En effet, la bibliothèque de Besançon a également recueilli de la succession Granvelle un exemplaire manuscrit sur vélin des « Hystoires romaines, » en deux volumes du format in-folio maximo (70 centimètres sur 48), exemplaire que je crois avoir été confectionné pour l'amiral Louis Malet, seigneur de Graville. Ainsi que sur l'exemplaire des *Chroniques de Burgos*, le blason de l'ancien possesseur a été oblitéré par une superposition : or, le premier volume des « Hystoires romaines » a un écusson aux armes pleines de Nicolas Perrenot de Granvelle, tandis que le second présente un écusson parti de Granvelle et de Bonvalot. J'ajouterai que ces deux écussons des « Hystoires romaines » sont de la même main que le double blason du second volume des *Chroniques de Burgos*.

immatriculé ce volume[1], en même temps que son aîné, parmi les livres précieux qui, pendant plus d'un siècle, contribuèrent à la renommée du Palais Granvelle de Besançon[2].

II.

La seconde partie des *Chroniques de Burgos* s'ouvre par l'histoire du règne de l'empereur Constantin et se termine par la mention du traité de mariage entre le jeune roi de Majorque, Jayme II, et la fille de l'héritier présomptif du royaume d'Aragon, événement qui appartient à l'année 1327. L'ouvrage entier constituait une vaste compilation qui embrassait l'histoire entière du monde. L'auteur paraît avoir connu la plupart des chroniques et des écrits légendaires qui existaient de son temps. Dans un passage de son œuvre, il indique sommairement les sources auxquelles il a puisé. « Item, dit-il à propos d'Eusèbe de Césarée, item il escript les croniques du temps de Abraham jusques à l'an de Nostre Seigneur III[c] XVII, lesquelles histoires Jérôme translata de grégois en latin et les poursuivy jusques à l'an de Nostre Seigneur CCCIIII[xx]; et de là Gilbert, moine de Ganbaus (lisez Sigebert, moine de Gembloux), les poursuivy et augmenta jusques à l'an de Nostre Seigneur mil cent XIII : ausquelles croniques nous adjoustames la cronique abrégée d'aucuns royaumes et des papes de Romme, et aprèz y adjoustames aucunes gestes notables des philozophes et d'aucuns autres saiges gentilz, Dieu ignorans, recueillis de divers livres[3]. » Bien que l'auteur traite, période par période, de l'histoire de tous les peuples du monde, néanmoins il accorde des développements exceptionnels aux faits qui intéressent les annales de la péninsule espagnole. C'est ainsi que « l'istoire de toute l'Europe » est esquissée comme introduc-

---

1. Au verso du premier feuillet de garde du volume, le petit-fils du garde des sceaux de Charles-Quint, François Perrenot de Granvelle, a tracé magistralement sa signature : GRANVELE C. DE CANTECROY.

2. Dans sa description du palais Granvelle de Besançon, Jean-Jacques CHIFLET caractérise en ces termes les richesses bibliographiques de cette opulente demeure : « Non est insuper reticenda veterum manuscriptorum nobilissima supellex, quæ ibidem luculenta, cum aliis innumeris doctissimorum virorum voluminibus, scientiarum omnium veluti scriniis aut fontibus. » (*Vesontio*, 1618, I, p. 36.) — Voir en outre A. CASTAN, *Monographie du palais Granvelle*.

3. Fol. 254 recto.

tiōn au récit fort légendaire « du commencement du royaume d'Espaigne. » Et à ce sujet l'auteur réagit très judicieusement contre la prétention des chroniqueurs français à représenter leur pays comme ayant été affranchi de la domination de Rome. « Si, dit-il, se doit advertir l'orgueil des François et convertir à l'escripture ewangélique qui dist : « quod exivit editum a Cesare « Augusto ut describeretur universus orbis ; *il yssy édit de César* « *Auguste que tout le monde qui estoit soubz leur domination* « *fu descript*. » Et aussy doivent advertir les gestes des passions des sains, par espécial de saint Denis, qui fu décolé par le juge, à Paris, envoié des Rommains en Gaule, et aussy de pluseurs autres sains qui furent martiriez en divers temps soubz les Rommains en France ; et ainsy appert que France fu subgecte aux Rommains en aucun temps..... Et pource, se en aucun temps les pays furent en subgection et en servitude des Rommains, ce n'est mie chose à imputer à villenie, se aprèz, en procès de temps, ilz ont reprises leurs vertus et se sont délivrez de servitude, et ont recouvré leurs franchises et libertez[1]. » Un autre reproche, également adressé aux Français, dénote chez l'auteur une sorte de pressentiment des doctrines suivant lesquelles notre Genèse nationale s'est reconstituée : « Les historiographes des François, dit-il, soy glorifians de la vertu du royaume de France, en ont mis en oubli ou délaissé la mémoire des Gaules de leurs histoires[2]. »

Malgré ces éclairs de perspicacité, l'auteur des *Chroniques de Burgos* n'est en avance sur son siècle ni pour le choix des éléments de ses récits, ni pour la manière de les disposer. Le plus souvent il se borne au rôle de compilateur, entassant à plaisir les anecdotes merveilleuses et les reproduisant autant de fois qu'elles se rencontrent dans les morceaux qu'il a empruntés. Son érudition dépasse cependant quelque peu celle de ses devanciers : tous les hommes connus, tous les saints catalogués dans les lectionnaires, si locaux qu'ils puissent être, sont de sa part l'objet d'une mention. Aux écrivains de grande notoriété, tels que saint Jérôme, saint Augustin, Isidore de Séville, Hugues de Saint-Victor, il consacre de véritables articles de bibliographie. On comprend ainsi que Charles V, qui voulait diriger en connais-

---

1. Fol. 267 recto.
2. Fol. 280 recto.

sance de cause la continuation des annales de son royaume[1], ait tenu à associer ce recueil vraiment encyclopédique aux compilations de Vincent de Beauvais, de Martin le Polonais, de Bernard Gui et autres chroniqueurs[2].

La personnalité de l'auteur n'entre que très rarement en scène, par exemple quand il s'agit d'une question où la dignité du caractère espagnol est à défendre. Il lui déplaît que le guet-apens de Roncevaux ait eu lieu sur le territoire de la péninsule : aussi tient-il à en éliminer la personnalité de Charlemagne, qui lui est sympathique, et à en disculper Alphonse le Chaste, roi d'Oviedo, qui n'avait pas besoin de cette justification. « Cestui Charlemaigne, dit-il, avoit la barbe d'un pied de long ; il estoit moult attrempé en boire et en manger..... Aucuns sont historiographes qui adjoustent foy aux fables et dient que Charlemaigne acquist moult de chasteaulx en Espaigne, et qu'il fist une voie publique pour aler à Saint-Jaques..... Nous créons assez que Charlemaigne, empereur, visita le corps de saint Jaques, non pas comme bateilleur, mais comme pèlerin..... Aussy c'est chose plus raisonnable à croire que le saint et catholique Alphons ne se mist pas à l'encontre de Charlemaigne, empereur ; mais que le jeune Bernart, avecques les Gascons bateilleux, fist celle bataille devant dicte (la bataille de Roncevaux) pour refraindre les assaulx des François[3]. »

Ses préventions contre l'esprit aventureux de notre race ne l'empêchent pas de rendre hommage aux vertus et aux talents de plusieurs rois de France. Il fait l'éloge des innovations administratives de Philippe-Auguste, qu'il appelle « Philippe le greigneur, » c'est-à-dire *le Plus-Grand*. Voici les termes dans lesquels il raconte l'histoire si connue des origines du pavé de Paris : « En cellui temps, ledit roy Phillippe estant à une fenestre de la sale de son palais senti une mauvaise punaisie : si demanda dont ce venoit, et l'en luy respondy que les boes estoient esmues et que celle infection et ordure en sourdoit. Si se pensa qu'il y remédieroit ; et oultre ce que ses prédécesseurs avoient fait, il entreprist à paver toutes les rues de Paris de dures pierres, et ainsy

---

1. V. Le Clerc, *Discours sur l'état des lettres en France au XIV° siècle*, dans le tome XXIV de l'*Histoire littéraire*, p. 183.
2. L. Delisle, *Cabinet des manuscrits*, t. I, pp. 29-30 ; t. III, pp. 327-332.
3. Fol. 397 recto.

le fist-il ; et la ville qui avoit esté par devant appelée Lutecia, qui vault aultant dire comme boeuse, fu après nommée Paris[1]. »

Si l'auteur des *Chroniques de Burgos* ne s'est pas nommé dans la seconde partie de son œuvre, du moins il y a semé quelques indications qui permettent d'assigner des dates à la confection de cet immense travail. A propos de l'avènement au trône de Castille du « petit roy Alphons XI, » dans les derniers mois de l'année 1312, il rappelle que ce jeune monarque régnait « quand ceste cronique fu faicte[2]. » Il en dit autant de Denis le Libéral, roi de Portugal[3], dont il ne mentionne pas la mort survenue le 7 janvier 1325. A la suite d'un court récit de l'expédition du comte Charles de Valois contre l'Aquitaine anglaise, en 1323, il conclut par cette réflexion dont la guerre de Cent ans ne démontra que trop la justesse : « Celle guerre n'est mie encore du tout appaisée[4]. » Enfin son dernier chapitre, qui relate des événements de l'année 1327, constate qu'alors le royaume de Majorque était gouverné en paix par Jayme II. Après quoi l'auteur n'ajoute plus que ces mots : « Et ainsy fine ce livre[5]. » C'en est assez pour que nous puissions affirmer que les *Chroniques de Burgos* avaient été rédigées entre les années 1313 et 1327.

La position sociale de l'auteur de ce livre est indiquée dans l'*Inventaire de la librairie du Louvre,* dressé par Gilles Mallet, en 1373. On y lit, en effet, sous le numéro 1087 : « Les croniques d'Espaigne, que fist l'évesque de Burs, translatées en françois par frère Jehan Goulain. » Dès que l'ouvrage avait été appelé « croniques d'Espaigne » et que la qualité d' « évesque de Burs » était donnée à son auteur, le nom individuel de celui-ci paraissait devoir être cherché dans le catalogue des évêques de Burgos. On supposa que cette recherche avait été sérieusement faite par David Casley qui, dans son *Catalogue des manuscrits du roi d'Angleterre,* donnait à un volume fort analogue au nôtre une étiquette ainsi conçue : « Guillaume, évêque de Burgues : les chroniques de Burgues, translatées par Jean Goulein[6]. »

1. Fol. 502 recto.
2. Fol. 267 verso et 275 verso.
3. Fol. 460 verso.
4. Fol. 545 recto.
5. Fol. 545 verso.
6. *Selecta ex catalogo manuscriptorum regis Angliæ, qui cusus fuit Londini, in-4°, ann.* 1734, ap. MONTFAUCON, *Biblioth. manuscript.,* p. 633.

Montfaucon et l'abbé Lebeuf acceptèrent cette indication, sans se douter qu'aucun des évêques de Burgos n'avait eu le prénom de Guillaume. L'un de ces prélats n'en avait pas moins été l'auteur d'une chronique universelle; mais il s'appelait Gonsalve, et non Guillaume, et il appartenait à la noble famille de Hinojosa[1]. De son œuvre, composée en langue latine, on ne cite qu'un manuscrit complet, qui faisait partie de la bibliothèque du comte-duc d'Olivarès et y était catalogué sous le titre suivant : « Gundisalvi a Finojosa, Burgensis episcopi, Chronica, ab initio mundi ad Alfonsum XI, regem Castellæ, cujus tempore floruit[2]. » Or, Gonsalve de Hinojosa fut évêque de Burgos entre les années 1313 et 1327, c'est-à-dire exactement durant la période reconnue, d'après les indications de l'auteur lui-même, pour avoir été celle de la rédaction des *Chroniques de Burgos*. On saura donc désormais d'une façon certaine le nom de l'auteur et l'époque de la production de cet ouvrage, assez réputé au xive siècle pour avoir tenté la curiosité studieuse du « prince le plus éclairé du moyen âge[3]. »

III.

Si le second volume de la traduction française des *Chroniques de Burgos* nous a fourni des éléments pour dater la rédaction latine de cet ouvrage, le premier volume nous eût renseigné peut-être sur l'âge précis de la traduction faite, sous les auspices du roi Charles V, par le carme Jean Goulain. Il est difficile, en effet, de supposer que le laborieux traducteur, après avoir converti en langage français les 1,090 pages latines de l'évêque de Burgos, aurait déposé la plume sans écrire, en manière de préface, quelques lignes élogieuses à l'adresse de son royal protecteur. Ainsi avait-il fait, en 1369, pour présenter au même monarque une traduction de plusieurs traités de Bernard Gui[4],

---

1. Henr. Florez, *España sagrada*, t. XXVI, pp. 344-348.
2. Nic. Antonio, *Bibliotheca hispana vetus*, t. II (1788), p. 142.
3. E. Renan, *Discours sur l'état des beaux-arts en France au XIVe siècle*, dans l'*Histoire littéraire*, t. XXIV, p. 608.
4. Antoine Thomas, *Un Manuscrit de Charles V au Vatican :* dans les *Mélanges d'archéologie et d'histoire de l'École française de Rome* (année 1881), et dans le t. III du *Cabinet des manuscrits de la Bibliothèque nationale* (pp. 329-332).

et, en 1370, pour lui dédier sa traduction des Collations de Cassien[1]. Il saisit l'occasion de ce dernier préambule pour rappeler qu'antérieurement il avait déjà mis en français, par l'ordre de Charles V, « ung livre des ystoires des papes, des empereurs de Rome, des roys de France, des consilles généraulx et des noms des évesques de Limoges et de Tholose, et aucuns autres abrégés[2]. » Dans cette nomenclature, qui se rapporte en grande partie aux divers ouvrages du dominicain Bernard Gui, on ne saurait trouver la moindre allusion aux *Chroniques de Burgos*. Or, la traduction de cet ouvrage fut de beaucoup la plus considérable de celles que Jean Goulain eut mission d'accomplir; il aurait donc eu toute raison de s'en faire honneur. Son silence devient une preuve que la traduction des *Chroniques de Burgos* est postérieure à 1370. Si l'on considère, d'autre part, que cette traduction figure dans l'inventaire de la *librairie* du Louvre dressé en 1373, il y aura lieu de penser que l'œuvre capitale de Jean Goulain fut exécutée entre les années 1370 et 1373.

Jean Goulain, né à Blacqueville en Normandie, avait pris l'habit dans le couvent des carmes de Rouen et était devenu l'un des professeurs en renom de l'Université de Paris[3]. La facilité qu'il avait d'écrire en langue française le fit remarquer par le roi Charles V, lorsque ce monarque conçut le projet de réunir autour de lui des traducteurs qui vulgariseraient les écrits pouvant servir à l'instruction des gens studieux de son royaume et de toute la chrétienté[4]. « Non obstant, dit Christine de Pisan, que bien entendist le latin, et que jà ne feust besoing que on lui exposast, de si grant providence fu, pour la grant amour qu'il avoit à ses successeurs, que au temps à venir les voult pourveoir d'enseignemens et sciences introduisables à toutes vertus, dont pour celle cause fist par solempnelz maistres, souffisans en toutes les sciences et ars, translater de latin en françois tous les plus

---

1. Paulin Paris, *les Manuscrits françois de la bibliothèque du roi*, t. II, p. 55.
2. L. Delisle, *Notice sur les manuscrits de Bernard Gui*, dans le t. XXVII (2ᵉ partie) des *Notices et Extraits*, p. 227.
3. Cosmas de Villiers, *Bibliotheca carmelitana*, t. I, col. 854-857.
4. Mandement donné par Charles V à Raoul de Presles, le 28 octobre 1371, « par lequel il luy ordonne, pour l'utilité de luy, du royaume et de toute la chrestienneté, translater de latin en françois le livre de S. Augustin, de la Cité de Dieu. » (Van Praet, *Inventaire de l'ancienne bibliothèque du Louvre*, p. 43.)

notables livres..... comme sanz cesser y eust maistres, qui grans gages en recevoient, de ce embesoignés [1]. » Jean Goulain fut l'un des plus considérés de ces traducteurs appointés sur le trésor royal. Il en résulta pour lui une grande situation morale, qui, sous le triste règne du successeur de Charles V, ne fut pas exempte de revers. Il mourut à Paris en 1403 [2].

« Ceste noble affection » qu'eut le roi Charles V « de faire translater livres, espécialment historiens et moraulz [3], » eut un résultat de haute conséquence. Les « clers solennels et philosophes fondez en sciences [4] » qui étaient à la solde du monarque, et au premier rang desquels se trouvait Jean Goulain, durent travailler de concert à ennoblir et à épurer la langue française. Les mots jadis issus de la langue latine, mais la plupart abâtardis par l'influence des dialectes, furent régénérés au contact des types primordiaux et constituèrent un idiome à règles certaines qui ne tarda pas à devenir le plus universel de tous les langages. Ce résultat, si propice aux intérêts moraux et matériels de la France, mérite d'être étudié dans les monuments littéraires qui l'ont produit, et c'est à ce titre que la résurrection d'une notable partie des *Chroniques de Burgos* m'a paru de nature à intéresser ceux qui travaillent à l'histoire de la formation de notre langue nationale.

L'existence de Jean Goulain est parallèle à celle de Froissart. Le premier n'est qu'un traducteur, plus soucieux de l'élégance de son langage que de l'exactitude de ses interprétations; le second est un narrateur original qui vise bien moins à la rectitude du style qu'à la vivacité du coloris. Entre la langue souvent rustique de Froissart et le langage toujours châtié de Jean Goulain, il y a quelque chose de la distance qui sépare les digressions familières de Montaigne des calques étudiés dont se compose le *Plutarque* de Jacques Amyot. Si l'on rapprochait de quelques-uns des récits primesautiers de Froissart telle ou telle des pages traduites par Jean Goulain, on se ferait, par comparaison, une

---

1. Citation empruntée au tome I (p. 38) du *Cabinet des manuscrits de la Bibliothèque nationale*, par M. L. DELISLE.
2. *Bibliotheca carmelitana*, *loc. cit.*
3. Jacques BAUCHANT, Préface de la traduction du livre des *Voies de Dieu* : citation empruntée au tome I (p. 40) du *Cabinet des manuscrits*.
4. Christine DE PISAN, *Livre des fais du sage roy Charles V*, 1, c. xv.

idée exacte du travail d'épuration qu'accomplit sur la langue française l'académie de traducteurs fondée et présidée par le roi Charles V.

A l'effet de faciliter cet examen comparatif, nous avons extrait, pour les reproduire à la suite de cette notice, trois fragments de la traduction des *Chroniques de Burgos*. Le premier de ces fragments est un récit, d'après Théodoret[1], de la destruction du temple de Jupiter à Apamia, en Syrie, épisode caractéristique d'une réaction qui fut fatale aux monuments de l'antiquité. Le second fragment, qui a probablement sa source dans les *Chroniques Martiniennes*, est un conte merveilleux se rattachant à la légende des talents de magicien du pape Silvestre II. Notre troisième extrait consiste en un tableau de la bataille de Hastings, précédé du chaleureux discours que le chroniqueur Henri de Huntingdon[2] a mis dans la bouche de Guillaume le Conquérant. On ne sera pas surpris que le Normand Jean Goulain ait traduit avec amour cet éloquent panégyrique de la valeur militaire de ses compatriotes.

Auguste Castan.

« *De la destruction du temple de Jupiter en Appamiam*[3].

« Marcel, évesque..., destruit les temples de sa propre cité, soy fiant en la grace divine, non pas en la force des hommes de la cité, laquelle euvre, digne de mémoire, je ne veuil pas céler. Trespassé Jehan, évesque de la cité d'Appamies, Marcel, très saint homme, y fu ordené, fervent d'esperit selon l'apostre. Entre ces choses, le prévost d'Orient vint à Appamies, et avecques ses subgiez II^m hommes d'armes avoit : laquelle chose faicte, le pueple, pour la paour de la chevalerie, fu tout espoventé. Ouquel lieu estoit le temple de Jupiter, merveilleusement grant et ancien, de pluseurs et divers aornemens ordenez. Le prévost entendoit à le destruire ; mais voiant trop fort édefice et dur, démonstra à ses hommes les jointures des pierres et les mixtions, dist le séparer et deviser estre impossible. Elles estoient très grandes et l'une à l'autre par plom et par fer conjointes.

1. *Acta SS.* : *Augusti* t. III, pp. 155-156.
2. *Scriptor. rer. francic.*, t. XI, pp. 206-211.
3. Fol. 287 recto et verso.

Mais Marcel, voiant le petit corage du prévost pour certain, il l'envoia aux autres citez, et il vraiement supplioit à Dieu que il donnast occasion pour destruire yceulx temples. Entre ces choses, vint un homme au point du jour, non pas tailleur de pierres ne de bois, ne en quelconque art estoit apris, mais estoit acoustumé de porter pierres et bûches sur son dos ou ses espaules. Cestui vint et promist que légièrement seroit mis jus le temple, et tant seulement demandoit le loier pour les ouvriers. Et quant l'évesque lui ot promis, il machinoit et pensoit de ce faire. Le porche joingnoit au temple, constitué en la haulteur de quatre coutés : là estoient coulompnes grandes et fors, lesquelles avoient la haulteur égale au temple. Le cercle de chascune et singulière coulompne avoit XVI coutes, et aussy les pierres estoient si très fortes que, par manière de ferrement quelqu'il fust, ne pouvoient estre rompues. Si ala fouyr tout entour les coulompnes, et dessoubz leurs fondemens mist fortes bûches et y bouta le feu : laquelle chose faicte, le feu si ne povoit naturelment ardoir les bûches. Et en aprèz, un déable très lait apparu, lequel deffendoit que la flambe du feu n'eust force : adont leur besongne ne povoient acomplir. Et pource que souventesfois cecy le déable faisoit, cestui ouvrier et ses compaignons dénoncèrent ceste chose à l'évesque qui se dormoit à l'eure de midy. Et tantost l'évesque couru à l'église et commanda mettre de l'eaue en un petit vaissel et la mist dessus l'autel. Ycellui mist son front sus le pavement et au sire débonnaire Dieu supplioit que il ne souffrist pas la tirannie de l'ennemi avoir la plus seignourie ne domination, et qu'il achevast la mauvaistie d'icellui et démonstrast signe de propre vertu, que pource ne fust occasion engendrée de exaltacion entre les mescréans. Et quant il ot dit ces paroles, il commanda à Equitre, son diacre, qui estoit garny de bon désir et de foy, qu'il preist de l'eaue, laquelle il seignast du signe de la croix, et la portast tantost à ycellui lieu et l'espandist dessus le boys et meist du feu dessoubz. Laquelle chose faicte, le déable s'en fouy, car il ne povoit porter la vertu de l'eaue ; mais l'eaue ot aussy comme la nature d'uille, et si tost comme les bois furent espris, tantost furent consommés. Les coulompnes estoient ensouffrées, qui cheyrent, dont l'une tiroit XII des autres. Adont le costé qui joingnoit au temple, par violence de la ruyne, fu jus rué ; mais le son esmut toute la cité et y fist venir toutes les gens. Et quant ilz eurent clèrement congneu la fuite de l'ennemi, ilz firent oroisons en divines loenges. »

« *De Gerbert pape*[1].

« Gerbert pape fu de la nacion de Gaule, et fu petit enfant moine de Floury, ou diocèse d'Orléans, et puis, ou temps de son adolescence, il yssy hors de son abbaye et s'en ala en Espaigne, en la cité de Yspalin. Cestui Gerbert vainqui Tholomé en la science de l'Astralabe, et Alcandre en Astronomie, et Fremin en langaige. Il aprist là le chant des oyseaulx et le mistère de voler, et à faire les figures yssir d'enfer. Il aprist celles sciences par iiii ans, pource qu'il les apportast en Gaule, lesquelles y estoient anéanties et deffendues..... Robert le fist arcevesque de Raims, où il fist une oreloge et unes orgues par l'art méchanique : il y avoit un vaissel empli par violence d'eaue eschauffée, laquelle donnoit vent par les tuiaulx, dont yssoit chant mélodieux. Cestui Gerbert lisoit les figures par l'enseignement du déable, pource que une fois il pensoit qu'il ne demourast rien imparfait. Il appliquoit à soy tous les trésors muciez qu'il trouvoit. Emprèz Romme estoit un champ où estoit l'estatue de Mars de airain, laquelle avoit le doy emprèz le poulse tout droit, et ou chief avoit escript : « Fiers cy » ; dont les souverains hommes affermèrent que c'estoit donné à entendre que on devoit là trouver aucun trésor, dont pluseurs avoient ledit lieu despecié de coingnées. Et Gerbert ficha un baston ou lieu où l'ombre du doy estoit quant le soleil lui, soit à l'eure de midy. Quant la nuit fu venue, il, tout seul avecques son chambellant, ala au lieu dessusdit, et là il ouvra de son art et y fist une grant entrée large, et là virent une grant maison royale, dont les parois estoient d'or et les cheverons et tout ce qui y estoit ; et virent chevaliers d'or qui jouoient de dés d'or, et le roy d'or gisant avecques la royne d'or, et la réfection appareillée, et présens eulx, leurs menistres et leurs vaisseaulx de grant poix et de grant pris, dont l'œuvre surmontoit la matière. Dedens ycelle maison estoit un escharboucle précieux et noble, lequel luisoit de nuit et ostoit toutes ténèbres de la nuit. En un anglet de cellui escharboucle estoit un enfant, lequel tenoit un arc en sa main tendu et la sajette appareillée pour traire ; et se aucun présumoit de y touchier de sa main, il sambloit que toutes les ymages venissent courre sus à cellui : dont Gerbert fu espoventé et à riens il ne toucha. Son chambellan cuida que en si grant proie petit larrecin n'y fust point apperceu : si prist un coustel de merveilleuse

1. Fol. 438 verso-439 verso.

euvre et de pris, et tantost toutes les ymages à grant fréeur s'eslevèrent, et l'enfant traist la sajette encontre l'escharboucle et furent ténèbres. Et se, par l'amonicion de Gerbert, son chambellan n'eust remis le coustel, ilz eussent tous deux souffertes grans peines et griève. Ilz n'y gaignèrent riens et s'en retournèrent à la clarté de leur lanterne. »

« *Comment Guillaume le bastart, duc de Normandie, ala pour conquérir Angleterre*[1].

« En ce mesmes jour Haraldes, roy d'Angleterre, s'en retourna à Eborac, à très grant joye. Et comme il séoit au disner, si vint un messagier qui lui dénonça que Guillaume, duc de Normandie, avoit occupé les rivages de la mer en la partie australe, et avoit jà un chastel édefié à Hastingues. Si avoit jà ledit Guillaume son ost ordené par cinq batailles à cheval contre ses ennemis, et, elles ainsy ordenées terriblement, les prist à encoragier moult vertueusement en disant : « O vous, Normans, très fors, hardis et corageux, je parle à vous, non mie que je ne soie certain de vostre proesce, non mie que je ne soie certain de la victoire, car oncques par nulle fortune n'advint que vous fussiez vaincus, ne homme qui osast contre vous combatre ne eschappa de vos mains; et s'il fust avenu une seule fois que vous eussiez esté vaincus, l'en vous deveroit enhorter de vous vengier, et vostre proesce auroit mestier d'estre preschée. Mais vous, qui estes les plus vaillans de tous les mortelz, en quoy pot estre contre vous le roy des François, avec toutes ses gens de Lorraine jusques à Espaigne, contre Hasting, nostre prédécesseur, lequel conquist tant de France qu'il volt, et tant en laissa que il lui pleut, et tant comme il lui pleut le tint, et quant il en fut saoul le laissa, tendant à greigneur chose ? Aussy mon père, le premier duc et aucteur de vostre gent, avecques vous et vos parens, vainqui à Paris le roy de France ou mylieu de son royaume et en bataille, et ne s'en savoit autrement deffendre se non qu'il offry sa fille et donna avecques la terre qui est de vous appellée de Normandie. Aussy vous povez recorder comment noz pères prindrent le roy de France à Rouen et le tindrent jusques à tant qu'il ot rendue Normandie à Richart l'enfant, duc de Normandie, par teles convenances qu'en tous parlemens et collocucions du roy de France, le duc de Normandie

1. Fol. 481 recto-482 recto.

auroit l'espée ceinte et le roy ne deveroit porter espée ne coutel : et ce establirent vos pères pour loy éternel au grant roy. N'advint mie aussy que ycellui mesmes duc mena jusques aux montaignes grant ost et constraint le père de faire le duc des Rommains à comparoir en champ? Et n'est mie petit de chose de avoir vaincu les hommes ; ains, oultre oultre, il vainqui le déable corporelment en luitant avecques lui et le abatant, et lui lia les mains au dos par derrière. Ne occirent mie vos pères Raoul, le premier et souverain duc des François, à Mortemer ? Et les autres, oye la victoire, s'en fouyrent à coite d'esperons. N'ont mie esté les Anglois, les Daces, les Norvégiens, plus de cent fois des Normans moustrez, ores que vous soiez descendus d'iceulx qui ont esté victorieux, qui oncques ne furent vaincus? Et n'est mie grant chose se ces gens, qui n'ont sajettes ne armeures acoustumées, sont de vous vaincus. » Et puis s'escrioit en disant : « Ordenez-vous comme gens batailleux et procédez oultre à l'estour ! Ne vous est-ce pas grant honte que vous voiez que le roy Haraldes, qui est parjure, soit osé moustrer face ne visage devant moy en vostre présence ? Ce m'est grant esbahissement que ceulx qui décapitèrent vos parens avecques Arlondo, mon cousin, par doleureuse trayson, et encore en sont les testes tenans aux espaules, vous le véez à vos yeux sans en prendre hastivement vengence! Levez hault les banières, et ne se faigne nullui ! Faites tant que d'Orient jusques en Occident soit oye et racontée la clarté flamboiant de vostre gloire ; faites que le tonnoirre de vostre envaye soit oye, et soiez vengeur de vostre noble sang qui fu de si glorieux pères engendrez ! »

« Par ces sermons de Guillaume le bon duc, ilz furent si encoragiez et eschauffez que avant qu'il eust finé sa parole, chascun se mist en conroy, en son ordre, et coururent seure à leurs ennemis aussy légièrement comme s'ilz volassent. Si en y ot un, appellé Taillefer, qui se hasta devant les autres Normans, qui getta son espée devant l'ost des Anglois, aussy comme s'il se jouast. Et comme chascun s'en esmerveillast, il en occist un qui par devant portoit la banière des Angloiz, et aussy fist-il au second ; mais comme il volsist ainsy faire au tiers, il fu occis, car les ostz s'entretrouvèrent. Adont apparurent en l'air les nuées plaines de sajettes, et aprèz oyssiez les cops sur les galées, flamboians et retentissans comme cops de tonnoirre, et les espées trenchans qui faisoient le champ rougir. Et comme le roy Haraldes eust ses gens si estroictement ordenées que les Normans ne porent entrer dedens eulx, le duc Guillaume, pour les espartir, commanda à sa gent qu'ilz feissent samblant d'eulx enfouyr ; mais par fortune, en celle fuite, ilz reculèrent en une grande fosse où pluseurs cheyrent mors. Et comme les Anglois poursuivoient les principales batailles des Normans, et ceulx qui estoient cheuz en la fosse si retournèrent et les archiers leur furent decoste, auxquelz le duc avoit commandé qu'ilz levassent en hault leur cops de leurs sajettes, afin qu'ilz départissent la presse de leurs ennemis au fer des sajettes trenchans; et ce leur fu en grant dommage. Si en y ot xx chevaliers normans, très courageux, fors et hardis, qui s'entredonnèrent la foy que ilz romperoient l'ost des Anglois, et yroient jusques à l'estandart du roy d'Angleterre et l'apporteroient. Et comme en celle entreprise acomplissant ilz le feissent bien, si en moru-il pluseurs, et les autres apportèrent ledit estandart en faisant voie à la pointe de l'espée. Adont commença l'estour fort, et sambloit que ce fust pluie des sajettes que les archiers faisoient voler en l'air environ le roy Haraldes. Si fu féru en l'ueil et chey, et la multitude des gens d'armes approucha, et, rompans la bataille, occirent le roy qui estoit navré, et Lauffre le conte et ses frères avecques luy. Et ainsy fu l'ost des Angloiz destruit, et Guillaume, duc des Normans, ala à Londres, et fu là honnourablement receu et couronné en roy d'Angleterre de Albret, arcevesque de Eborat, à l'abbaye appellée Blest; et ainsy fu soubdainement faicte la mutacion par le Souverain Seigneur, laquelle aventure avoit assez pronostiquié la comette qui s'estoit apparue au commencement d'icellui an. De ce fist-l'en telz vers :

> Anno milleno sexagenoque seno,
> Anglorum mete flammas sensere comete.

« Ceste bataille fu faicte ou mois de septembre, en la feste saint Calixte : ouquel lieu ledit Guillaume édefia une moult noble abbaye ; et aprèz, pour ceulx qui estoient mors en la bataille, il lui mist nom l'Abbaye de la Bataille et de la Victoire. »

(Extrait de la *Bibliothèque de l'École des chartes*, t. XLIV, 1883.)

Imprimerie DAUPELEY-GOUVERNEUR, à Nogent-le-Rotrou.

www.ingramcontent.com/pod-product-compliance
Lightning Source LLC
Chambersburg PA
CBHW070542050426
42451CB00013B/3140